꿈꾸는 푸른 돌

김의식 제2시집

을지출판공사

■ 자서

메말랐던 정서를 시로 순화시키고파

지금은 저 천국에 계실 어머니의 88세 미수(米壽)를 감사하는 시, 사모곡(思母曲) 한 편을 올려 드린 것이 시인의 길을 걷게 된 계기가 되었다. 반평생을 금융인으로 보냈던 나는 메말랐던 정서를 순화시키기 위하여 마음의 희로애락을 한 편의 시로써 토해 내고 싶었다.

나의 인생 1모작이 금융인의 삶이었다면, 인생 2모작은 대학 강단에서, 인생 3모작이 시인의 길녘에 들어서서 나를 걸작품으로 지으신 창조주 하나님을 찬양하고 그에게 영광 돌리는 삶으로 이어졌으면 하고 두 번째 시집을 본인의 아호인 청석(靑石) 〈꿈꾸는 푸른 돌〉이란 시집을 출간하게 되었다 .

오늘도 스티브 잡스의 명연설 "만약 오늘이 내 인생의 마지막 날이라면 오늘 내가 하려고 하는 일은 진정으로 내가 원해서 하려는 일인가?"라고 자문자답해 본다. "천년을 살 것처럼 준비하고 오늘 하루를 살 것처럼 일을 하라"는 마음으로 "내 발에 등이요 내 길에 빛 되신 그분께서 인도하는 대로 나만의 길"을 걸어 여기까지 왔다.

돌이켜 보면 한창 공부할 나이에 학업을 포기하고 3년이란 세월을 전업농부로 일한 것이 헛된 일은 아닌 것 같다. 낮에는 먼 산에서 나무하고, 밤에는 새끼 꼬아 홀어머니와 밤이 이슥하도록 가마니 치고, 농한기 엄동설한에는 제방공사 노역을 했던 전형적인 촌놈이었다.

만학도로서 상경한 나를 본 급우들이 오죽하면 나의 첫인상을 "야간열차 타고 온 나무꾼 같다"고 하였겠는가?

나와 비슷한 나이에 부모님을 잃은 1770년대 영국의 낭만파 호반의 계관시인 윌리엄 워드워즈는 "어른의 습성은 이미 어린 시절에서 비롯된 것"이라 했다. 은행 퇴직 후 대학 강단에서 학생들이 지어준 나의 닉네임 "열혈교수 YesKim"에게 조금이나마 근면의 습성이 있다면 농사일을 할 때 길들여진 것이라 생각된다.

글은 그 사람의 인격의 표현이라 했는데 사람됨이 부족한 탓인지 어설픈 표현들이 많음을 고백하지 않을 수 없다. 척박한 땅에 떨어진 씨앗이 발아할 수 없고, 좋은 열매를 맺을 수 없음같이 앞으로 인간적 성숙과 폭넓은 정신적 토양 위에 좋은 시가 탄생되도록 노력할 것을 다짐해 본다.

제 2 부 꿈꾸는 푸른 돌

제 3 부 저울추로 달아 보세

제 4 부 순례자의 노래

◆ 파트2 청석 시조편

제1부 고통에도 뜻이 있다

제2부 인생 3모작의 출발점에서

♦ 파트1 청석 시

제 *1* 부

숲 속의 아침

무디어 녹슨 머리에
드뷔시 달빛으로
불타오른 상념 어루만진다

진리의 터 우뚝 선 그 모습
동짓달 그믐 차가운 밤
꿋꿋한 마디마디에도 침묵을 담는다.

숲으로 난 오솔길

할머니 산소
벌초 가는 길
널따란 밀짚모자 푹 눌러쓰고

참나무, 오리봉나무 가지마다
새소리 걸려 있고
아카시아, 엉겅퀴 달라붙는 산길을 가네

갑장산 새벽이슬 서린 이 길로
할머니 부르는 소리 따라
그리움 줄 따라 가네

소꿉친구

눈빛만 보아도
너와 난 마음으로 주고받지

각박한 현실속 맺어진 우정
언제나 진한 가슴 열어 뵈는
꾸러기 친구

허물 많아도 손잡고
믿음으로 덮어 주는 너와 나

산 위에 높이 올라
창공을 날자
큰 결점 작게 보이도록

모진 삶의 길에도
우린 언제나 친구!
흙냄새 짙은 시골 사람

사진첩에 각인된 우리들은
오늘도 오동나무 잎새에 이는
산들바람이고 싶다.

대나무

자욱한 안개 걷히고
하늘로 머리 풀어 솟아나는 연기

고인 물 비워 내는 옹달샘터
용틀임하는 삶의 유영(游泳)

무디어 녹슨 머리에
드뷔시 달빛으로
불타오른 상념 어루만진다

진리의 터 우뚝 선 그 모습
동짓달 그믐 차가운 밤
꼿꼿한 마디마디에도 침묵을 담는다.

아내의 손

거칠고 굵어진 마디마디
인생의 옹이가 구슬처럼 둥글다

벼 낟알로 비단이불 만지듯이
따따거리며 내는 소리
고단함도 어려움도 손길 속에 녹여 본다

오늘도 아내는 물방울 툭툭 튀기며
무뎌진 손으로 삶을 닦는다.

신부의 부케

면사포 살포시 구름 두르고
달 속에서 빚어낸 당신의 얼굴

은하수 구름다리 노을 질 땐
꽃술이 바람에 장단 맞추어
한사코 부여잡는 당신의 발길

남몰래 속삭이는 우리들의 고백
하늘에 새겨 본다

브티끄 실루엣

산뜻한 새 날개 단 아내의 고운 의상
쇼윈도 위에 비춰 쓴웃음도 지어 보고
선물로 받았나 본데 눈썰미가 매섭다.

재스민 짙은 향기 물씬 젖은 아내 모습
젊은 날 반반한 옷 한 벌도 못 사 줬네
미안해 너무 미안해 얼굴 한참 붉어진다.

의상은 날개라지요 펄펄 나는 그 산뜻함
이런 날 팔짱 끼고 산책 한번 나서볼까
맞잡은 고운 손에는 국화향이 날아든다.

컴퓨터 조작

부팅소리에
천지개벽하는 정보바다
허기진 시장기 달랜다

작은 몸체로 포식하는 하마
너는 배탈의 포구

과식하면 토하고
배고프면 삼킬
전천후 식객(食客)

오늘도 나의 배를 화들짝 놀라게 한다.

고황(高凰) 동산

따스한 햇살 머금고
방긋웃음 터뜨리는 꽃송이 한 잎
머리카락 세운다.

고황산 줄기 따라
다람쥐 곡예하는 병풍 친 돌담 사이

육대주 기개 품고 뿜어 대는
운무(雲霧) 머리에 이고

자정 넘긴 도서관에
문화세계 넘나드는 비둘기들
심야 걸음 재촉한다.

초등 교실

마천루 우뚝 솟은 어래산 아래
물소리 장구 치는 요도천 따라
등나무 꽃내음에 기지개를 켠다.

울타리 안 플라타너스 갈색을 씹는데
교실 안 국화 향기 책장을 넘나든다

강당 안 심청전 춘향전 멜로디로
종아리 내려치는
심장 토한 선생님의 발자취가
우릴 곧추세운다.

글을 쓰네

우주 공간에
글을 쓰네
종이도 지우개도 없이
글을 쓰네
앉으나 서나
글을 쓰네

머리에 서리 내리고
엉덩이가 바위될 때까지
글을 쓰려네.

어머니 회상

매봉재 고갯마루 상수리 나무에
걸어둔 풀짚모자만이 덩그러니 서 있다

숨 헐떡여 넘나드시던
울 엄마 계신 그리운 나라

엎어져도 이마 닿을 손 한 뼘 거리인데
엄마! 엄마! 하고 불러 봐도
대답 없이 귓가에 찬바람만……

어릴 때 그네 타시던 팽나무 밑에는
한 되어
천궁 향기만이 머리카락 세고 계십니까

동지섣달 눈 오는 밤
호롱불 껌뻑이고
베틀위에서 길쌈 매실 때
장끼전, 장화홍련전 가락 사모하신 울 엄마

졸수(卒壽)를 지나서도 천자문에 혀 닳고
찬송소리 거문고 타실 때
그토록 사모하시던
본향에서 안식하실 당신께
시 한 송이 노랫가락 고이 바치렵니다.

제 2 부

꿈꾸는 푸른 돌

냇가에 도란거리는
버들강아지들의 합창을 듣고
나는 오늘도 굴러가며
출렁이는 푸른 꿈을 꾼다.

캐나다에서의 새해 아침

소복(素服)으로 갈아 입은
온타리오 대지 위에

아무도 걷지 않은 하이얀 들판
발도장 찍으며 총총걸음 걷는다.

전나무 눈송이 끝에 내 마음 새겨 놓고
큰대(大) 자로 누워 하늘 보니
눈〔雪〕이 눈〔眼〕속으로 들어 온다

아들 내외 손주와 편가른 눈싸움으로
새해 아침 맞으며

올해도 생명 주신
새벽이슬 같은 감사로
하모니카를 탄다.

세월의 나이테

숱한 애기들 망태에 담아
긴긴 해도 가는 줄 몰랐더니
동지섣달 지는 해 추녀에 머무는구나.
신록 늘 푸를 줄 알았더니
어느덧 낙엽되어 춤을 추는구나.

병아리가 어미 닭 되는
짧고 붉은 세월 허공에 허덕이니
페이스북 고운 얼굴에 정크메일
할퀴고 간 자국이 쓰나미보다 더욱 아프다 해도
뒷모습 기록될 나의 자서전 속에
수금(繡錦)으로 수놓을 인생 삼모작
세월의 나이테 속에 숨겨둔
그 말씀 속 약속들로 내일을 그려본다.

모닝글로리

지리한 밤이슬 머금고
밤을 속삭인다.

멀리서 오는 새하얀 천사
기쁜 소식 전한다.

동트는 아침의 영광
추녀 밑 너울 타고
함박웃음 안겨 주네

조약돌보다 매끄럽고
비둘기 깃털보다 보드라운
너의 나팔

함지박 같은 환한 얼굴도
햇살이 부끄러워 두 손으로 얼굴 가리느냐

날아 가던 고추잠자리가 너를 다시 찾는다.

백제의 혼

역사의 화신(化身)된 충심은
세월의 파고 속에
천년 연꽃들의 가슴으로 번져오고
부소산(扶蘇山) 정기 따라
황산벌 일대기로 여전히
비상의 나래를 펄럭이고 있다.

송이, 송이마다 방울방울
또르륵 굴러가는 이슬 삼켜
입가엔 사연이 주렁주렁
간장을 에며 토해 내는 연꽃들의 합창은
지금도
하늘 삼킨
궁남지(宮南池) 위를 떠돌고 있다.

갯벌의 행복학교

검은 연기 꿀꺽 삼킨 갯벌의 녹색 배움터
입춘 지난 미추홀 담벼락엔
방울 달린 눈꽃들
회양목, 사철나무, 둥근주목

라떼커피 맛처럼
새내기들
하나, 둘
진달래꽃처럼 피어난다.

강의실 한구석
추켜세운 동공
영산홍, 수수꽃다리, 백철쭉에
가슴 쌓인 물음표는 태양같이 출렁이고

삼삼오오 짝 지어
비상하는 청둥오리, 혹부리오리 날개 밑에
창틀 네 개로 가득 담아
내일의 희망을 읽는다.

고향 생각

고향에서는 꿈을 꾸게 하는가?
출렁이는 바다와
그 위를 나는 갈매기를 그린다.

작열하는 태양 아래
냇가에 심기운 버드나무 그늘로 땀 식히네

고향에서는 한 폭의 그림을 그리게 하소서
알알이 터져 나오는 석류 씹으며
캔버스 지붕을 채색하게 하소서.

고귀한 생명

어버이 살 한 점 받은 이 몸
세상 어느 곳에나 숨쉬고 있어야지

비록 큰 나무는 되지 못한다 해도
이 모습 이대로 버티고 있어야지

폭풍이 몰아쳐도
아아, 아직 포구에 닿지 못한
돛단배 강물에 띄워 놓고
오늘도 여유히
어릴 적 꿈을 싣고
힘차게 노를 저어 본다.

시험 보는 날

새장에 갇힌 내 마음
창공을 날고 싶다.
금빛 은빛 종이 접어 하늘 저편 날고 싶다.

수선화 향기로 가득 찬 내 머리인데
내 발은 얼음 위를 거닐고 있다.

늘상 찾아 오던 벌과 나비조차
대지를 종횡무진한다.

이미 주사위에 던져진 몸 마음이나 편히 갖자.

큐슈의 노천탕

눈빛이 다르고
언어가 달라도
오대양 갈매기 모여드니 한지붕 가족이란다.

흑암의 별들이
심야에 손짓하는 저 계곡에서
거품을 토해 내는 물줄기에 몸 비비고

바람 따라 이슬 따라 호흡을 가다듬을 때면
하늘 향한 머리카락이

에메랄드빛 맑은 물에 세월을 노래한다.

시의 잉태

오랜 시간 삭여
안으로 껴안아 보는 그리움
물컹한 시간 위로 번진다.
만삭된 임산부,
아들일까? 딸일까?
날카로운 펜 끝에서 생사를 넘나든다.

시공을 초월한,
상상의 나래 기지개 켜고
나무 위로 나를 끌어내고 있다.

서녘 하늘 긴 그림자
바람에 치이어 춤을 출 때면
나는 함초롬히 고개를 든다.

소망과 야망의 나래
서슬 푸른 야수의 가슴을 치고
하얀 집을 짓기 위해
오늘도 조용히 무등을 탄다.

질경이

흙냄새 풀풀 날리는 길섶에서
강인한 모습으로
메마른 땅 뚫고 굳건히 자리하고 있다.

햇빛과 바람을 이웃하여
산새처럼 노래하는가
때론 적막속에 질긴 삶을 꽃피우는가

세월이 수놓고 간
코스모스 발 아래
반짝반짝 일어나는
그날을 기다리며 한낮에 꿈들이 꽃피고 있다.

우리네 삶도 그렇게 일어나
꿈꾸고 노래할 수 있을까
그 아름다운 생을 영글린다.

초상화

살며시 엿보는 사립문 안
족두리 쓴
새색시
산 따라 강 따라
세월을 엮어 본다.

대문 밖 수양버들
그네 타듯 하늘대고
들판 잎사귀는 아지랑이 유혹하네.

하얀 해와 초승달
북두칠성 머문 자리

명경지수(明鏡止水) 단풍 그늘 아래
오고 간 머흔 구름아

꽃바람도 가냘프게 날아와
지친 날개 어루만지고

순백의 사랑된
한 떨기 넝쿨담쟁이가
손짓하며 기어오른다.

꿈꾸는 푸른 돌

돌틈을 비집고 쏟아지는
따사한 햇살

냇가에 도란거리는
버들강아지들의 합창을 듣고
나는 오늘도 굴러가며
출렁이는 푸른 꿈을 꾼다.

더 밝고 환하게
그렇게 웃고 싶다

나는 날마다
동구 밖의 봄을 클릭한다.

제 3 부

저울추로 달아 보세

끓어오르는 욕망과
끝없이 펼쳐지는 애환의 길목에서
지웠다 쓰고 또 재보고 달아 봐도
가벼운 나의 흔적은
헝클어져
한쪽으로 기울기만 하다.

베틀

칠흑 같은 밤하늘
별빛 총총 삼경에

졸린 눈 비비고 베틀에 올라 앉아
덜커덕 덜커덕 바디소리 한숨 소리

옥동자 젖배 곯랴
부르튼 젖가슴 눈물되어 흐르네

구부러진 산골 행랑채
낭랑한 다듬이질

물레소리 실꾸리시름 명주바지 두루마기
저미는 소리를 들으며

반쯤 감긴 두 눈은 천근이나 무겁고
생각의 실타래는
씨줄 날줄 한밤을 올올이 엮어 본다.

삶의 궤적

인생의 일몰 노을 지을 때
녹슬은 가슴과 뇌리에
살포시 떠오르는 동녘 햇살처럼

난 누구를 위하여 울고 있는지.

조용한 삶의 뒤안길에서
인생시계 필름처럼 한 바퀴 돌려 본다.

나에게도 눈물이 있다는 걸 알고 있나?
나무 끝 마지막 잎새 팔랑거릴 때
당신은 속으로 마냥 울고 있었지

속으로 울음 왔을 때
삶인 것을 예전엔 미처 몰랐다.

명예퇴직

주판알 튕기며 가감승제 그 몇 해던가
번호표 기다리던 그 고객 다 어디로……

반평생 주마등이 어제인 듯 꿈인 듯
브라운관 회로처럼 지혜의 실타래로 묶어 놓고
금융가의 포트폴리오 생애설계 펼쳤지만

후배에게 자리 양보
아프고 아린 이야기들
미련 끊고 돌아섰네.

동퇴(冬退) 되고 황퇴(荒退) 되어 긴 그림자 앞세우고
인생 이모작 현주소는 머리에 흰서리 내려
검버섯 피우고 도수 안경 눌러쓰네

마음 다지기

부스러기 생각들을
한 꾸러미 꿰어서

토막난 점선들 한자리에 이어 놓고
생각의 오로라 상자에 차곡차곡 담아본다.

이 진수는
어디서 온 보석일까?
함성 외쳐 길고 긴 날
반석 위에 새길 날 그려 보니

가는 비 추녀 끝에 걸린 고드름 되어
유난히도 반짝인다.

서후리 동산

그대는 무엇이 그리 급해
서후리 낙원 떨쳐 두고 표연히 어디 갔나

새벽이슬 머금은 청초한 잎새들
정겹게 노래하고

두 팔 벌린 상록수
마음에 늘 푸르네.

산새 들새까지도 안식하는 힐링동산 나무들
달빛 젖은 뜨락에 스며드는 냇물되어
세속의 때 씻어낸다

세월이 가도 사계절은 피고 지고
또렷한 그대의 발자취
심장 고동 두근댄다.

마음거울

세상에 고꾸라지는 날,
황홀한 은빛 레이스를 달린다 해도
보이고 안 보이는 건
마음속 거울 때문이지.

원시와 근시로 교차된 혼돈,
볼록렌스로 세월 넘보고
오목렌즈로 발자취 그려
세상을 살아가는 우리네 눈
육안으로 사물 보고
칼날에 무등 세워
혜안으로,
감춰진 마음을 보세.

소통

말 많이 하는데 그놈은
입가에 주렁주렁 매달린다.
듣기는 하는데 그놈은
귓가에 주렁주렁 매달린다.

겉으로만 말하고 겉으로만 듣는
쓰리고 아린 우리들의 언어,
속으로 듣고
속마음 전할 순 없을까?

한평생 눈만 뜨면 보는 사이
말다운 말 하고 사는가?
당신은 마음 삐죽 내밀고
날 불러 세우는데
나는 마음 닫혀 말 걸 수 없네.

당신도 조금 열고
나도 반쯤 열어
말다운 말 하고
말다운 말 듣고 살자.

꿈과 사랑

뭉게구름 너울 속에
여린 잎 부여잡고
날개 태운 푸른 꿈

간밤에 서리 내려
내 가슴을 흔든다.

인적도 뜸한 고샅길
꽃들이 별빛에 조는
오작교 나룻배에서

저 가로등 속
터널 뚫고 달려온 세월 속에서
내가 노래하고 싶은 것은……

그리움

오실 이
못 기다려 앉은 자리에 모락모락 나는 김
훅 불어 본다.

무지개 아래
도토리 한 움큼 뽀드득 깨물고
호젓이 웃어대는 다람쥐 한 쌍 날 쳐다본다.

들키려니 꼭꼭 숨어
내 마음 토해 볼 날 곱씹어 볼 때
뛰놀던 다람쥐
오갈피 수액에 목축이고 살며시 사라진다.

저울추로 달아 보네

지렁이 자취처럼
꾸불꾸불 휘어진 내 궤적의 무게
맞저울과 대저울로 달아 보네
간칭(杆秤)과 명칭(皿秤)으로 달아 보네.

끓어오르는 욕망과
끝없이 펼쳐지는 애환의 길목에서
지웠다 쓰고 또 재보고 달아 봐도
가벼운 나의 흔적은
헝클어져
한쪽으로 기울기만 하다.

이끌림

칼바람
살을 에는
영하의 동부전선

그대에게 당기어 자석처럼
고향으로 달려가고 싶은 마음

메마른 가슴에 번지는 이끌림의 파도
드리워진 휘장 젖히고 봇물같이 밀려드는 그리움

별들은 고요속에 적막 깨뜨리고
봄향연 연주하듯
흑암속에 빛을 발하니

칠흑같이 어두운 이 밤에도
별처럼 반짝반짝 빛나는
고향의 순이 눈동자.

반려자

빈 공간에 당신 세워
싹 틔우는 한 가닥 물줄기

있는 그대로가 좋아
그냥 비워둔다

삶의 까실한 뒤안길에서
채워 줄 손길

내 속에 내가 보이지 않고
내 속에 당신이 내가 되어진다네.

만학

사지 없는 삶속에 파고드는 의문의 고뇌들

여명 터오는 지평선이 날 부르고
온라인 네트워크에 부릅뜬 두 눈
모니터로 투시한다.

UCC 동영상에 블로그로 찬 바다에 빠져
늦깎이 대학생의 머리 위엔 하얀 이슬이 내렸다.

예고 없는 반복된 약속 위반
알 수 없는 벌판
익숙치 못한 나의 길에서 웃음꽃 피우다가도
나를 자꾸만 내동댕이치네.

제 4 부

순례자의 노래

갈릴리 거센 풍랑
메마른 광야를 떠돈다 해도
골고다 십자가
그 아픔으로 견디어 내렵니다.

자유의 메아리

하늘로 꿈을 펼친 나무들처럼
땅속에 묻어둔 자잘한 우리들의 이야기

DMZ의 풀섶에는
고라니, 토끼, 부엉이도 노닐고
하늘엔 머흔구름

동서로 오고 가건만
어둠에 갇혀 오갈 수 없는
마음만은 자유로워

철조망을 넘나드는
갈매기 퍼덕이는 날갯짓
밤 이슥토록 울어 대는

풀벌레도 고향 그리 가고픈가
자유가 유린당한 이 땅에
풀벌레는
밤이 이슥토록 울어 댄다

형제여
우리 가슴에 묻은 불빛은 따습다.

푸른 제복 떠올리며

거품을 토해 출렁이는 검은 바다
성난 파도 곤두박질 하얀 꿈 밀려올 때
병사를 삼킬 듯한 심야의 초소 경계

어슴푸레 날 샐 무렵
구름 같은 멸치 떼
어부들 그물 터는 "어영차" 소리

간성 앞바다
번뜩이는 등대
병사 마음 고향 순이 생각날 때

이승만, 김일성 별장
하늘 가린 달 그늘에 마천루 소나무들
인적도 끊어진 명사십리 벌판에
검은 바다는 서서히 고래를 깨운다

애양원, 손양원 목사님

당신은 진정 믿음의 흔적입니다.
숱한 세월, 그렇게 지나가도

손떨려 잡지 못하는 애환의 자국들
오늘도 검푸른 파도되어 마냥 출렁입니다.

당신은 진정 사랑의 증표입니다.
그들의 신사참배, 강요에서
믿음으로 응답하시고

두 아들 마음에 묻고
새생명 가슴에 묻은 뜻은
오늘도 저녁노을 되어
그렇게 퍼져 갑니다.

믿음의 용사
먼 훗날 흘러가도
이제는
님의 가시는 꿈길 비추는
조그마한, 아주 조그마한
등불이 되어 갑니다.

Rev. Son Yang-Won of Aeyangwon

You are the trace of faith in the true sense.
Though many years pass by so fast,

The marks of joys and sorrows of life,
That we cannot catch them are rolling as dark-blue waves today.
You are the sympotm of love in the true sense.

You answered to the Japanese shrine,
Demanding forcibly to worship, only as consistent faith,
What you buried two sons in your mind,
And the new life in your bosom,

Are spreading so
As the sunset of evening.
Though the footmarks of your belief
Flow as river in future,
Now
They will turn into a light,
small, so small one
Shining the way of lover's dream.

-Tr. by Won Eung-soon

고귀한 발자취
-명성교회 창립30년 기념축시(2010. 7. 6)

여기
명일동의 작은 소리가 있었네.

거치른 황무지
옥토로 가꾸어
뿌린 복음의 씨앗들

꽃피고 열매 맺어
지구촌에 향기를 진동하네
한줄기 하늘빛이 있었네.

여기
서기(瑞氣) 어린 여명(黎明)
오대양 육대주를 비추었네
그 이름, 오직 주님
사랑과 헌신의 숨결
새벽이슬 머금은 작은 잎새들

'주님의 옷자락'에 장단 맞춰 메아리 칠 때
젊음을 매만져 싹 틔운 씨앗들은
온 누리를 밝히었네

줄기찬 믿음의 둥지 틀어
칠 년을 하루같이 섬겨온 30년

여기에 모인 우리들은
성전의 두 기둥

야긴과 보아스 사이로
강단 샘물 마시고
새벽이슬 은혜로 충만하니
풍우대작 속에서도
'오직 주님'의 신앙으로
하나님의 자녀 되었네.

목사님과 우리는 이심전심
진한 가슴 열어 뵈는
영원한 사역의 동반자
돌풍이 몰아쳐도
풍랑이 거세져도
성령의 인도하심 따른
목사님의 고귀한 발자취는
더욱 거룩하니

튼튼한 기둥 세운
진리의 터전 위에는
새 시대, 새 사명의
진군나팔 소리가
영원히 메아리친다.

A Noble Footmark

- A Poem for Celebration of the 30th Anniversary of the foundation of Myung Sung Presbyterean Church

Here
Was a little voice at a town of Myung-Il Dong.

The seeds of the Gospel we sowed on the spot
Where we cultivated the barren waste land into fertile land
Are in bloom and now bear fruits,
Sending forth good fragrance.

A ray of the heavenly light
Here was.

The clouded dawn
Shone the Five Oceans and Six Continents.

The name, the only Lord,
The breath of love and devotion
Is the little leaves with morning dew.
When the seeds, sprouted by the young vitality,

Are echoed to keep time with 'Lord's clothes',

They will shine all over the world.

The 30 years that we have served like one day here
Building a nest in vigorous faith,

We are here
As two pillars of our church,
Like Yagin and Boas, drinking water of the same fountain from our altar,
Overflowing with graces like morning dewdrops.

In spite of a driving rainstorm
We would like to be all saints of God
By dint of the faith of "the only Jesus Christ"

Our pastor and we
Have communicated from one mind to another
And opened our true heart as the companions of consistent ministry,
Though the sudden strong winds blow
And we are caught by the wild storm,
The noble footmarks of our pastor,

Guided by the Holy Spirit,
Are very holy and bright.

The bugle sounds of the marching
For new age and new mission,
Are resounded from the base of truth built on the strong pillars.

-Tr. by Won Eung-soon

순례자의 노래

성령의 오순절
다락방에 들르신 하나님
내게 깊은 사랑 심으시고
믿음의 걸음은 나를 반듯이 세웁니다.

성전의 문지방
총총걸음으로 드나들면서
넘어질 때라도 주님의 옷자락 잡고
든든히 서렵니다.

갈릴리 거센 풍랑
메마른 광야를 떠돈다 해도
골고다 십자가
그 아픔으로 견디어 내렵니다.

어찌 잊으오리까?
어찌 흘리오리까?
주님께서 피 흘리시며 베푸신 사랑
온전한 전도로 갚으오리다.

감람산 수태고지 교회

하늘의 부르심 있어
시온의 영광 거룩한 땅 밟고 섰네.

온유와 은혜로 가슴 적신 새벽 이슬
비아돌로로사 홍포 입으신 운명의 가시밭길
십자가 14지점 보혈의 피 빛나셨네.

베들레헴 말구유에 하늘의 영광으로 오셨다가
벙어리와 소경과 미친한 자 돌보시고
베데스다 연못가 중풍병자 일으키신
갈릴리 바다 성난 풍랑도 잔잔케 멈추신 능력이시여.

헐벗고 굶주린 자 편에 서신 영원하신 품 안
감람산 골짜기 기도소리 은은하고
아브라함, 이삭, 야곱의 족장길 따라
유대인의 대학살 피비린내 온 누리에
예수의 길 고난의 길 'Never Again' 선서소리

새 성전 입당에 부쳐

마음이 가난한 자여,
여호와를 앙망하여라, 앙망하여라.
숱한 나날들,
모퉁잇돌 외로이 잡고 흘린 눈물이 그 얼마이던가?
이슬 뿌리는 새벽시간
무릎 꿇고 다져진 터 위에
어느덧, 하늘 문 활짝 열고 새 성전 들어가네.

새 성전으로 들어가는 성도들이여,
여호와께 찬양하여라, 찬양하여라.
영원하신 여호와를 송축함에
뭇별들이 노래하고 나무들도 춤을 춘다.
성전 문지방의 흐르는 물은
방황하는 뭇 생명들을 구원하리니
성령의 길손 되어 멍든 지구촌을 인도하리라.

새 땅으로 가는 자여
여호와를 송축하여라, 송축하여라.
이제는 구원의 닻을 올리고
말씀의 땅, 미지의 세계로 나아가자.
준비된 자여,
푸른 하늘은 더 높고

약속의 땅은 우리를 기다리니
이 새로운 터전에서, 주님 말씀 붙잡고
땅 끝까지
힘차게 달려 나아가자.

골고다 언덕

주님 발길 머무신 곳 골고다 언덕
성육신 하신 휘장 아래 그 음성에 '아멘' 하고

홍포에 형극 가시면류관
가지마다 고통의 꽃 피어나네.

베들레헴 말구유에 높은 보좌 버리시고
갈릴리 거친 풍랑 잠재우신 기적의 은혜
은빛 속에 다시 오실 주님만 기다리며

칭찬의 서머나 교회
라오디게아교회 책망의 말씀
사랑의 종소리는 파문 일며 퍼지는데
아레오파고스 이끼 낀 언덕 폴리캅의 생사 갈림길
가브리엘 천사의 예수 나신 울음소리
마리아 수태고지교회 창살 틈새 비집고 나온다.

감람산 골짜기 발 딛는 자국마다
교회들의 기도 음성 눈물로 피어난다.

새벽 기도

해변가 모래알처럼
반짝이는 새벽

바람은 입 열고
소원은 함성을 울린다.

이마에 수늠살 골 지을 때
마른 막대기보다 못한 나
삼태성이
나를 깨운다

깨어진 질그릇
강보에 싸서
귓가에 매달린
소고와 나팔로 무등을 타자.

갈릴리 호수가
심지 돋운 희미한 등불

눈비벼 비늘 벗겨
달군 말씀으로
오늘을 산다.

국화 감사 축제

가을 향연,
국화꽃 어우러져 춤사위 단장하고
성전 어루만지는 야긴과 보아스
두 기둥 넘나드는 한 쌍의 비둘기

가로등 불빛 아래 총총걸음으로
새벽 길 달려온 서른 해
강단 샘물 마시고
새벽이슬 적셔 뿌려진 생명들

옥토에 꽃피워 열매 맺히우니
하늘 창고 넉넉한 양식 받을 복 벅차도다.

만추에 분사하는 그윽한 국향
비발디 - 오보에 협주곡의 입맞춤
얼룩진 세월 속 골 깊은 주름살 펴리니
만사에 은혜 충만 감사드려 기도하네.

세계를 가슴에 안고
-반기문 UN사무총장 재임에 부쳐

조덕산 햇살 비친 행치골 생가에
큰빛 반씨 가문의 큰 기쁨은 나아가
조국의 자존과 세계의 꿈을 펼쳐갈
이 시대 우리의 큰 일꾼이 되셨네.

인도와 박애로 다져진 적십자 정신은
진리의 상아탑 속 빛으로 큰 물결로
5대양으로 솟구쳐 오르는 밝은 빛으로
6대주를 가슴에 품고 세계 속으로 가셨네.

쉴 새 없이 밀려오는 지구촌의 아픔
그 위협과 갈등 아우르고 자유를 펼치며
빈곤과 병마 전쟁의 상흔 속에서
방파제 되어 온몸으로 막고 치유하는
세계의 번영을 일궈내는 메신저가 되소서

먼 땅 지평선 너머까지 오지에서 날마다
당신의 따사한 손길 위에 세계가 하나로
사랑과 봉사의 큰 물결이 넘쳐나게 하시고
자유와 평화를 심고 가꾸는 큰 일꾼이 되소서.

한 그루 큰 소나무

- 정암(正岩) 유세준 교수님의 교단 30년에 부쳐

우리들의 가슴을 푸르게 만들던
가르침의 서른 해
당신은 삭풍 언덕 위에 서서
바람을 막아주고 길을 가르쳐 주신
한 그루 큰 소나무이셨습니다.

당신의 공덕은 이제 높은 산을 이루어
우리들 가슴에도 소나무로 자리 잡고
당신의 뜻은 넓은 바다를 이루어
우리들 몸속에서 밀물과 썰물로
변함없이 드나들고 있습니다.

당신은 우리들의 꿈이셨습니다.
물 주고 거름 주어 풋풋하게 자라게 한 어린 싹들
이제야 돌아보면 별 같은 제자들이지만
이 나라 동량으로 자랑스럽기만 합니다.

아직 청정하신 그 목소리
이제는 낙락장송 이루시어
언제나 또다시 바람을 일으켜 주소서
솔냄새 홍겨운 스승님의 솔바람

만국기로 펄럭이시고
하늘과 땅에 불야성으로 밝히어
영원히 꺼지지 않는 정암,
언제나 큰 소나무로 바라보게 하소서.

안중근 의사 기념관에서

경천동지(驚天動地) 총성 울린 하얼빈 역
적장 이토히로부미〔伊藤博文〕를 한 손에 보내고
살신성인(殺身成仁) 안중근 의사(義士)
영령 앞에 조아리니
조국 땅 서른두 해 발자국마다
민족정기 맥박 고동친다.

국가 안위 역정 세월
애천(愛天), 애인(愛人), 애국(愛國)으로 점화시켜
새겨진 얼은
조국독립, 동양평화 위해
침략에 항거한 평화의 메시지

태극기 펼쳐놓고 왼손 약지(藥指) 절단한
혈의 맹세 '대한독립'으로
자유 누린 이 핏값, 이 떨림

세기의 영웅으로 고동치는 투혼은
약동하는 뜨거운 태양 되어
겨레의 기개(氣槪) 길이 남을 그 이름!

♦ 파트2 청석 시조

제 1 부

고통에도 뜻이 있다

가슴을 쪼아 대고 번뇌를 벗하는가
걱정도 친구란다 고난도 쓸모 있네
쓰나미 할퀴고 나니 모진 풍파 끄떡없다.

손가락펜

우주를 품에 안고 바다를 노트 삼아
지우개 필요없이 썼다가 지웠다가
개울물 먹물 삼아서 도란도란 쓴다네.

입으로 따라 하는 한글음 가나다라
손으로 따라 쓰는 ㅏ ㅑ ㅓ ㅕ 아야어여
언제나 손가락펜을 꾹꾹 눌러 써 보네.

보릿고개

긴 터널 고적소리 삼경을 무등 태워
삼태성 밝은 빛을 삭풍에 매달아서
사립문 열어제치고 천 리 길을 나선다.

달팽이 지친 걸음 어느 세월 고개 넘나
춤추는 호랑나비 입 벌려 삼키려는데
샛노란 송홧가루로 허기진 배 채운다.

모정

엄마의 치마폭에 살며시 숨겨 놓은
탯줄을 목에 걸고 울어댄 외침 소리
춘삼월 아지랑이 타고 내 맘속에 와 주렴.

쌀〔米〕 한 톨

굽이치는 황금 들판 풍요가 펄럭이고
이른 봄 판 벌였던 못자리도 으쓱인데
시집간 모 포기들은 만석으로 화답하네.

짝퉁은 가려내고 진통만 남겨 두세
지난 일 두런두런 눈물꽃도 보이는데
돌마다 촘촘히 엮인 너덜웃음 흰마당.

춘향의 단심가

등짝을 오싹이며 맺어진 인연이여
손가락 비비면서 간장을 졸여대며
티 없는 하얀 얼굴에 파란 그림 그린다.

옥지환(玉指環) 고리 속에 새겨둔 고백이여
뜨겁게 열어젖힌 천년의 약속들이
알몸이 잘린다 해도 끊지 못할 운명을!

시퍼런 호령 속에 단검을 든다 해도
하늘에 잡아매둔 님 향한 일편단심
천지의 기를 모아도 그대만은 못 말려.

떨면서 갈구면서 성난 물결 재우고
비바람 맞으면서 오작교 건너 와서
팽나무 그늘 아래서 축제 마당 벌인다.

만나

이것이 무엇이냐? (Man Hu?) 하늘의 생명 양식
하루에 한 오멜씩 안식일엔 두 오멜씩
시내산 광야의 여행 불평의 사십여 일

허기진 아랫배를 채워줄 떡덩어리
하늘문 활짝 열어 소복히 내려주니
이것이 천상천하의 하늘식량 되었네.

잡초 인생

소나무 오리나무 대들보 아니지만
이 모습 이대로도 천하의 걸작이니
모두가 석가래라면 불쏘시갠 어디에

살 한 점 이 몸뚱이 하늘이 내려준 것
숲 속의 이름 없는 잡초임을 알았네
내 이름 바꿀 수 없는 영원불멸 신선초.

진도의 엿타령

혓바닥 녹아져서 엿가락이 되었는가
멀쑥한 노랫말이 심금을 울려대니
지나는 애간장마다 엿냄새를 토해 낸다.

진도의 보배련가 한국의 명인인가
문화재 소리꾼의 판소리 한마당에
황홀경 가락 한마당 동서틀 잇는구나.

고통에도 뜻이 있다

가슴을 쪼아 대고 번뇌를 벗하는가
걱정도 친구란다 고난도 쓸모 있네
쓰나미 할퀴고 나니 모진 풍파 끄떡없다.

마알간 수정처럼 잔잔한 바다처럼
참으면 자산인 걸 예전엔 미처 몰라
살인도 면한다지요 참을 인(忍)자 셋이면.

성보암 독락재
-남원 최명희 혼불문학관에서

여인의 의지인가 양반의 행세인가
손가락 바위 뚫어 민족혼 새겨 놨다
쓰라고 말하지 말고 읽기라도 하련만……

병마가 야속하다 여인의 눈물인가
거밍굴 마을마다 숨쉬는 님의 절규
찍어 둔 쉼표 마침표가 세월 속에 빛난다.

김유정 문학촌

인명이 재천이냐 그리도 가고프냐
금병산 그늘 속에 동백꽃 그려 놓고
노다지 금 캐는 콩밭 님의 열심 못말려.

새빨간 능소화가 수줍게 말문 열어
새하얀 배꼽보다 더 진한 금병의숙
인생의 장단 고저가 작품 속에 빛난다.

제 2 부

인생 3모작의 출발점에서

앉아서 올려 보니 하늘도 손에 닿고
위에서 내려 보니 절벽도 지척이네
구름도 쉬어 가면서 시 한 수를 읊고 가네

돌아보기

간밤에 내린 이슬 갈댓잎 적시누나
수놓은 비단자락 은구슬 아로새겨
샛강을 가득히 채운 청운의 꿈 장하다.

냉가슴 열어제쳐 무참히 쏟아 부니
꽃망울 훔치고서 숨가삐 도망치네
이슬이 된서리 되어 머리카락 물든다.

대나무숲

곁눈질 몰랐구나 청초한 선비 몸매
심장을 파헤쳐도 나이테 흠이 없네
속세의 탐관오리들 부들부들 떤다네.

빼곡한 고창 맹죽림 먼지 털 곳 없구나
빈 강정 대쪽 되니 풍기는 위풍당당
세월의 가락된 풍월 내 영혼을 씻는다.

소금강

마주한 쌍곡계곡(雙谷溪谷) 금강산 절경인가
마주본 층암절벽 만물상 괴석이라
찌들은 풍진 세상의 묵은 때를 씻고프다.

앉아서 올려 보니 하늘도 손에 닿고
위에서 내려 보니 절벽도 지척이네
구름도 쉬어 가면서 시 한 수를 읊고 가네

학천정

둔덕산 뒤로한 채 선유동(仙遊洞) 계곡에서
도암(陶庵)의 글발소리 마음에 새겨 보니
천하의 사람 됨됨이 사례(四禮)에서 알 듯해

바윗돌 맷돌 갈아 지조를 갈고 닦아
탁류에 버린 돌들 조약돌 빛 발하니
세기에 빛을 발한다 학천정의 후학들

* 학천정: 조선후기 학자인 도암 이재(陶庵 李縡)가 후학을 가르치던 자리에 지역 유림들이 그의 덕망을 기려 세웠다.

목민심서

실리냐 이론이냐 다툼이 끝이 없네
세월의 연륜 속에 이론만 무성한데
천하의 실용학문들 길잡이가 되었네

다산의 유배철학 여유당(與猶堂) 소장본이
관리의 지침이요 세상의 경세유표(經世遺表)
본받자 검소한 생활 탐관오리 없앤다.

철쭉제

꽃술이 침흘린다 벌나비 분주하다
향기가 좋아서냐 땟갈이 고와서냐
꽃 중의 으뜸이로다 진달래를 능가해

천혜의 비경 철쭉 지리산 남원 운봉
바래봉 달빛 아래 삿갓봉 솟아났네
신선도 쉬어 가고픈 금비단길 철쭉밭

운림산방(雲林山房)

가업이 그림이냐 생업이 의심된다
추사도 깜짝 놀라 솜씨에 반했단다
점철산 상록수림에 비 머금어 걸렸다

허련(許鍊)의 민족혼이 화폭에 춤을 춘다
대 이은 화가 집안 세기의 자랑일세
나 하는 장인 정신들 후손들에 전할지

탄금대

뼈아픈 전적지에 울리는 노랫가락
열두대 굽이굽이 몸 던진 신립 장군
팔천구 고혼 유령탑에 새겨 놓은 그 이름들

민족혼 피가 끓는 충혼탑 아래에서
충성을 맹세하는 충주의 건아들로
배출한 세계지도자 하늘도 도왔다

성전에 거하리라 시 26:8_

종소리 부름 속에 발걸음 동동거려
칼바람 스쳐가는 설한풍의 엄동에도
꿋꿋이 자리 지켜온 두 손 모은 오직 주님.

명일동 종탑 아래 구름처럼 모여 들어
목마름을 해갈하고 뼈아픔도 치유하니
말씀의 블랙홀처럼 빨아들인 안식처다.

눈시울 붉어져도 환하게 웃음 짓고
응어리 삭혀내는 내 삶의 편린들이
영원히 머무를 곳은 내 아버지 계신 전.

소수서원

영산봉 학자수(學者樹)가 이슬을 머금었다
비둘기 눈치채는 지혜의 삼지지례(三枝之禮)[1)]
천박한 소인의 귀는 우이독경이어라

훈장의 촌철살인(寸鐵殺人) 불호령 되었구나
청각을 울리는 데 송진(松津)된 낭중지추(囊中之錐)[2)]
청사진 거무구안(居無求安)[3)]을 종횡으로 펼치네

1) 삼지지례(三枝之禮) : 비둘기는 예의(禮儀)가 발라 새끼는 어 미가 앉은 가지에서 세 가지 아래에 앉는다고 함.
2) 낭중지추(囊中之錐) : "주머니 속의 송곳" 즉 주머니 속의 송곳은 저절로 주머니를 뚫고 나오듯이 '재주가 뛰어난 사람은 절로 드러나게 마련임.
3) 거무구안(居無求安) : 살아감에 편한 것만 구하지 마라.

제 **3** 부

녹색의 행복을 찾아

태곳적 생명씨앗 창조주 걸작품들
양심이 까매져서 이기심 토해 낸다.
무뎌진 내 마음벽을 부싯돌로 갈구세.

지구가 끓는다

덥혀진 지구 온도 엘리뇨 가져와서
빙하도 녹아내려 해수가 높아지니
투발루 물에 잠기니 지구 끓는 탓일세.

우뚝 선 공장 굴뚝 매연의 깃발인가
산업화 주범 되어 다가온 기상이변
심각한 지구 온난화 온실가스 탓일세.

쓰나미 가뭄 홍수 지구를 뒤덮는가
몰아친 인류 재앙 세계가 경악한다
문명의 이기 속에서 신음하는 지구다.

오염

혼탁한 수질오염 바다를 먹칠하니
마시는 물속에는 카드뮴 녹아져서
채워진 뱃속마다는 부글부글 끓는다

버려진 토양오염 나무가 먹고 마셔
자라난 식물마다 썩어진 먹거리로
올라온 밥상마다엔 유해물실 뿐인 길

내뿜는 대기오염 속으로 삼켜대니
심장이 굳어져서 회복이 불가하네
여보세 납덩이 폐부 원상복구 해보자.

수목원

물향기 수목원은 천혜의 녹색 보고
팔 벌린 나무들은 찬이슬 받아 먹고
내뿜는 산소 꾸러미 검은 연기 삼킨다.

실버들 댕기 풀어 수놓은 머리카락
바람에 춤을 추며 덩달아 홍얼대니
메마른 인생길마다 물향기를 뿌린다.

숲의 교향곡

용버들 수양버들 한 아름 꺾어 안고
수선화 버들개지 물향기 전시관에
한 곡조 숲의 교향악 춤노래로 화답하네.

참나리 붉은 인동 미로원 뒤안길에
꽃창포 멧버들이 앵두와 입맞추니
언덕길 도피 어리원 유난히도 빈짝이네.

개오동 자주 목련 환하게 웃어대니
동자꽃 물질경이 시샘이 가관인데
물향기 습지 생태원 자주목련 환하다.

양지꽃 금강초롱 총총히 자랐는데
기린초 고광나무 개오동 짝을 하니
수목과 인간의 만남 너털웃음 절로 나네.

번부채 도라지 풀싸리 채진목에
히어리 솔송나무 복수초 이웃하니
어깨가 저절로 둥실 뽑고 싶다 한가락.

풍력발전

바람이 풍차 돌려 전력선 불붙으니
줄어든 화석연료 생물을 살리어서
푸르른 반도강산에 노고지리 춤춘다.

태양열 지붕마다 줄어든 탄산가스
파장된 가시 광선 앞당긴 이코시티
생성된 대체 에너지 그린성장 이루네.

히어리 나무

대문에 봄이 왔네 노란꽃 입벌렸다
한반도 잣대나무 킬로수 계산긴가
자생화 송광납판화* 꽃 중의 꽃 신선화

연둣빛 조랑조랑 총총한 입술들은
깃대종 왕초로다 천지가 침 삼킨다
새색시 히어리 나무 내 마음을 매단다.

* 히어리(Korean winter hazel 송광납판화) : 한반도 자생화로 조록나무과의 낙엽 관목

녹색기후기금(GCF) 유치

환경의 세계은행 GCF 송도유치
줄어들 온실가스 기후변화 적응해
조성될 녹색기금은 탄소감축 방파제

GCF 녹색기금 GTC 녹색기술
글로벌 녹색성장 GGGI 삼각편대
지구촌 환경의 중심 송도를 주목해

다져진 국제위상 유발될 경제효과
개도국 지원하는 중추적 국제기구
송도의 아이 타워를 세계가 주목한다.

■ 서평

영혼의 샘물을 퍼올리는 깨달음의 메시지

이 광 녕(문학박사, 문예창작 교수)

사람은 누구나 시인일 수 있다. 그러나 그렇다고 누구나 다 시인이 되는 것은 아니다. 대부분의 사람들은 세속의 생계수단에 매달리고 인생 세사에 쫓기어 정서적 감성의 본향을 찾지 못하고 아무런 족적 없이 허무하게 일생을 마치게 되기 때문이다. 하지만 그중에서 참다운 삶에 대한 의문과 자연과 사물에 대한 의미를 찾고자 노력하는 사람에게는, 삶의 현장에서 나타난 현상에 대하여 스스로의 감성을 느껴보고 인생을 반추해 보는 언표행위(言表行爲)를 통하여 스스로가 시인이 된다.

김의식 님의 경우, 바로 이러한 참삶의 의미와 가치를 깨닫고 오랜 인생 경륜에서 터득하여 얻어낸 예시들 바당으로 새로운 감성을 불러일으킨 깨달음의 시인이다.

김 시인은 농촌에서 태어나 갖가지 시련과 역경을 극복해 내고 학업에 전념하면서 경영학을 전공하여 금융계의 별과 같은 존재로 인정을 받고 경영학 교수를 거치는 등, 전공분

야에서 중추적 리더 역할을 해왔지만, 만년에 최종적으로 안착하려는 귀착지는 역시 인성과 정서를 추구하는 인문학이요 문학이었다. 문학이야말로 각박한 인생에 의미를 부여해 주고 참삶의 가치를 구가할 수 있는 마음의 고향이었기 때문이리라. 그래서 김 시인은 비록 때늦은 나이이지만, 문인으로서의 자질을 구축하기 위하여 새로이 시학을 공부하고 습작에 전념하고 새로운 학문에 열정적으로 도전하면서 작가로서의 위상을 다져나가고 있다.

각박한 삶의 현실에서 생명의 수단으로 물질적 가치를 더 중시하는 오늘날의 생활 패턴은 사람들을 몰인정하고 강팍하게 만든다. 신실한 크리스천 장로로서 물질적 가치보다 영적 가치를 중시하는 김 시인이 이러한 원리를 스스로 터득하여 선택한 문학에의 도전정신과 그 입문은 당위적 판단이요 어쩌면 당연한 귀소본능이기도 할 것이다.

1. 위대한 문사로서의 꿈

지긋한 나이에 문단을 노크한 김 시인은 젊은이 못지않은 열정과 창작의지로 진솔한 깨달음의 글을 쓴다. 그는 오랜 인생 경륜에서 우러나온 영적 노하우로 글을 쓰는 '열정'의 선두주자다. 인생 재창조를 위한 '끊임없는 도전과 열정', 그것이 그의 심벌마크다. 그의 열정이 얼마나 달구어졌는가는 '열정'의 깃발을 흔들고 있는 그의 근래 출판서적 〈열정은 배신하지 않는다〉만 보아도 알 수 있다.

불같은 열정은 어디에서 나오는가? 현실의 만족이나 안주하려는 자세에서는 나오지 않는다. 그것은 오만한 도전이 아니며, 늘 부족하다고 느끼는 사람의 '꿈'에서 비롯된다.

김 시인의 아호는 청석(靑石)이다. 무에서 유를 창조해 내는 '꿈꾸는 푸른 돌'이다. 김 시인의 꿈은 영적으로 가치 있고 청사에 길이 남을 생명력 있는 좋은 글, 그리고 의미 있는 인생 족적을 남기는데 있다. 「시의 잉태」는 그러한 작가의 심성과 작품세계를 잘 보여주고 있다.

오랜 시간 삭여
안으로 껴안아 보는 그리움
물컹한 시간 위로 번진다.
만삭된 임산부,
아들일까? 딸일까?
날카로운 펜 끝에서 생사를 넘나든다.

시공을 초월한,
상상의 나래 기지개 켜고
나무 위로 나를 끌어내고 있다.

서녘 하늘 긴 그림자
바람에 치이어 춤을 출 때면
나는 함초롬히 고개를 든다.

소망과 야망의 나래
서슬 푸른 야수의 가슴을 치고
하얀 집을 짓기 위해
오늘도 조용히 무등을 탄다.

-「시의 잉태」 전문

인생에 있어 그리움은 꿈이며 생명이며 작품세계의 중심

에 자리 잡는다. 이 시에서는 의식의 흐름 중심에 자리 잡고 있는 꿈과 소망이 적절한 비유를 통해 잘 표출되어 있다. 이 글에서 만삭된 임산부가 출산하려는 '아들'과 '딸'은 무엇인가? 그것은 작가가 오랫동안 소망하며 꿈을 꾸어온 소중한 희구의 대상이다. 오랜 시련과 산고(産苦) 끝에 펜의 끝자락에서 태어나는 금쪽같은 시편들, 그것은 시공을 초월하여 껍질을 깨고 나와 고고지성을 지르며 곧 세상빛을 보리라.

'하얀 집'은 소중한 아들딸들이 거처하는 결 고운 순수의 문집이다. 작가는 문채 넘치는 '하얀 집'을 짓기 위해 오늘도 조용히 발돋움을 시도해 본다. 서슬 푸른 야수의 가슴을 치고 나온 시심은 곧 아들딸이 거처할 '하얀 집'을 짓고 원숙한 작가로서의 문패를 달 것이다. 이 글은 갖가지 시련을 딛고 일어서서 문학에 큰 뜻을 품고 발돋움하고 나선 작가의 내면세계가 잘 나타난, 비유가 뛰어난 글이다.

우주 공간에
글을 쓰네
종이도 지우개도 없이
글을 쓰네
앉으나 서나
글을 쓰네

머리에 서리 내리고
엉덩이가 바위될 때까지
글을 쓰려네.

-「글을 쓰네」 전문

이 글의 표현 특징은 시어의 반복적 리듬감이 잘 나타나 있다는 점이다. '글을 쓰네'의 반복으로 언제나 작시에 열중하고 있는 시적 자아의 모습을 연상할 수 있다. 늘 작문에 열중하기 때문에 습작 공간이 무한하며 그러기에 광활한 우주 공간에 종이도 지우개도 없이 글을 쓴다. 그러한 습작의 자세는 미래에도 또한 내일을 바라보면서 영원히 지속될 것이다. 앉으나 서나, 머리에 서리 내리고 엉덩이가 바위 될 때까지 그 생명이 다하도록 말이다.

이 글에는 시공을 초월하여 끊임없는 열정으로 열심히 습작하리라는 작가의 의지가 잘 드러나 있다. 이러한 작가의 표현은 글 잘 쓰기 훈련과정의 3명제로 꼽히는 다작(多作), 다독(多讀), 다상량(多商量)의 원리 중 '다작'의 의시를 밝힌 것이며, 이러한 시적 표현으로 보아, 앞으로 청사에 길이 빛날 위대한 문사로서의 기풍을 예견할 수 있다.

2. 통찰력과 깨달음, 그리고 창조 의지

김 시인의 작시적 모티브는 주로 오랜 동안의 인생 경륜에서 얻어낸 통찰력과 깨달음이다. 삶의 질서와 그리고 그것에서 비롯된 인간 존재에 대한 깊은 성찰은 작시법의 주요인으로서 그의 시 전반에 걸쳐 넘나들고 있다.

세상에 고꾸라지는 날,
황홀한 은빛 레이스를 달린다 해도
보이고 안 보이는 건
마음속 거울 때문이지.

원시와 근시로 교차된 혼돈,

볼록렌즈로 세월 넘보고
오목렌즈로 발자취 그려
세상을 살아가는 우리네 눈
육안으로 사물 보고
칼날에 무등 세워
혜안으로,
감춰진 마음을 보세.

-「마음거울」 전문

눈은 가장 중요한 보배다. 좋은 눈은 겉모양 뿐만 아니라 사물의 세미한 내면세계까지 꿰뚫어보는 투시력을 가지고 있다. 감성적 통찰력이 예리한 작가는 돌 속에서도 흘러가는 피를 발견해 내고 그 울음소리도 들을 수 있다. 원시와 근시로 교차된 혼돈의 세상, 확대경으로 세월을 응시해 보고 작게는 겸손한 마음으로 자신의 거취를 되돌아보는 성찰의 태도가 필요하리라. '혜안(慧眼)'이란 우주의 진리를 밝히보는 눈이다. 영원한 평안과 진리를 바라보는 영적 안목이 무디어진 완약한 이 시대에 김 시인은 혜안을 갖고 스스로를 추슬러 보자고 역설한다. 이러한 시상 구도는 오랜 세월 동안 모진 시련과 풍파를 겪어온 작가의 인생 경륜이 그 바탕이 되었으리라 짐작된다.

지렁이 자취처럼
꾸불꾸불 휘어진 내 궤적의 무게
맞저울과 대저울로 달아 보네
간칭(杆秤)과 명칭(皿秤)으로 달아 보네.

끓어오르는 욕망과

끝없이 펼쳐지는 애환의 길목에서
지웠다 쓰고 또 재보고 달아 봐도
가벼운 나의 흔적은
헝클어져
한쪽으로 기울기만 하다.

-「저울추로 달아 보네」 전문

김 시인은 성찰의 시인이다. 일일삼성(一日三省)하면서 수신의 경지에 이르렀다는 증자(曾子)의 말과 같이, 김 시인의 시에는 곳곳에 자신을 돌아보며 채찍질하는 자성의 목소리가 배어 있다. 하나의 시로써 낭만적 감성을 드러내는 감성의 표출 기능을 추구하는 것도 물론 좋지만, 인생을 아름답게 장식하기 위한 도구로서의 효용론적(效用論的)인 미적 가치를 무시할 순 없다. 자신의 궤적을 저울추에 달아 보고 너무나 편협된 삶을 추구해 왔던 지난날을 반성하면서 좌로나 우로나 치우치지 않는 아름다운 삶을 추구하고자 하는 작가의 의지가 비유적 기법에 의한 여운으로 살아남아 있다.

숱한 얘기들 망태에 담아
긴긴 해도 가는 줄 몰랐더니
동지섣달 지는 해 추녀에 머무는구나.
신록 늘 푸를 줄 알았더니
어느덧 낙엽되어 춤을 추는구나.

병아리가 어미 닭 되는
짧고 붉은 세월 허공에 허덕이니
페이스북 고운 얼굴에 정크메일

할퀴고 간 자국이 쓰나미보다 더욱 아프다 해도
뒷모습 기록될 나의 자서전 속에
수금(繡錦)으로 수놓을 인생 삼모작
세월의 나이테 속에 숨겨둔
그 말씀 속 약속들로 내일을 그려본다.

-「세월의 나이테」 전문

김의식 시인은 도전과 열정의 시인이다. 쉬지 않고 열심히 탐구하고 미래 비전을 향해 전진하는 불도저 같은 이미지가 그의 캐릭터다. 그래서 그의 도전정신은 생활주변에서 터득된 깨달음과 융합하여 인생 3모작까지 내다보고 있다. 김 시인의 이러한 열정은 역경을 딛고 일어선 인생 경륜과 크리스천 장로로서의 영적 훈련의 결과이기도 할 것이다.

김 시인은 농촌 출신으로 갖가지 시련과 역경을 극복해 내고 학문에 전념하여 금융계를 거쳐 대학교수로 재직하면서 사회적 리더로서 각광을 받는 인사가 되었다. 그러나 정신없이 분주하게 현실에 얽매이다 보니 어느덧 해는 뉘엿뉘엿 기울고 낙엽이 뒹군다. 참다운 인생의 가치를 따져볼 때, 삶의 궤적에 나타난 보람의 나이테를 세어본다. 이순(耳順)의 나이도 저물어가고 고희(古稀)를 눈앞에 둔 작가가 지나온 발자취를 돌아볼 때 아름답게 새겨져야 할 가치 있는 동선은 무엇일까? 지긋한 나이에 문단을 노크한 그는 늦깎이 문인으로서 또 다른 새로운 세계를 발견하고 자신의 새로운 도전의 광장에 꽂혀 있는 푯대를 향하여 달려가고 있는 것이다.

이 시에서는 그러한 김 시인의 인생 노트와 창조의지가 적절한 비유를 통해 실감 있게 잘 표현되어 있다. 그것은 그의 '자서전 속에 수금(繡錦)으로 수놓을 인생 삼모작'으로 수확될 것이다.

3. 향수와 애국혼

김 시인은 종종 가난에 허덕이고 어려웠던 어린 시절의 추억을 상기하곤 한다. 오로지 인생의 앞길만을 바라보고 도전하며 내닫는 김 시인이 이따금씩 뒤를 돌아보는 것은 지난 일에 빠져 퇴영의 길로 나아가려는 것이 아니라 과거를 통하여 온고이지신(溫故而知新)의 지혜를 배우고 어려운 시절을 통하여 용기를 재충전하려는 속뜻이 있어서일 것이다.

A
긴 터널 고적소리 삼경을 무등 태워
삼태성 밝은 빛을 삭풍에 매달아서
사립문 열어제치고 천 리 길을 나선다.

달팽이 지친 걸음 어느 세월 고개 넘나
춤추는 호랑나비 입 벌려 삼키려는데
샛노란 송홧가루로 허기진 배 채운다.

-「보릿고개」 전문

B
굽이치는 황금 들판 풍요가 펄럭이고
이른 봄 판 벌였던 못자리도 으쓱인데
시집간 모 포기들은 만석으로 화답하네.

짝퉁은 가려내고 진퉁만 남겨 두세
지난 일 두런두런 눈물꽃도 보이는데

톨마다 촘촘히 엮인 너털웃음 한마당.

-「쌀〔米〕 한 톨」 전문

윗글 A와 B에는 각각 궁핍함과 풍요로운 시절의 농사꾼다운 애환이 깃들어 있다. 글 A는 보릿고개를 넘어가는 서정적 자아의 모습이 달팽이 지친 걸음으로 비유되면서 힘겹게 살아온 지난날을 회고하고 있다. 그나마 소망의 삼태성 밝은 빛으로 위안을 삼으며 송홧가루로 허기진 배를 채우고 근근히 생명의 끈을 부여잡고 있는 서정적 자아의 모습이 애처롭기만 하다. 그런가 하면, 글 B는 '눈물꽃'으로 일구어낸 황금 들녘을 바라보면서 한 톨 한 톨 땀방울로 엮어진 노력의 결실을 '너털웃음'이라는 초월적 시어를 사용하여 달관의 경지로 이끌어 내고, '쌀〔米〕 한 톨'의 소중함을 부각시켜 내고 있다.

눈물 젖은 빵을 먹어보지 못한 자는 빵 한 조각의 고마움을 모른다. 송나라 구양수가 '시궁이후공(詩窮而後工)'이라 말했듯이 곤궁함을 겪은 후에라야 좋은 글이 나온다. 김 시인의 글에는 이러한 체험적 내음이 강하다. 농촌 출신인 김 시인은 그가 비록 많은 학업과정을 거쳐 왔지만, 그의 뿌리는 농촌에 늘 머물러 있어 농사꾼이나 다름이 없다. 이러한 시들은 그의 향수(鄕愁) 짙은 성정의 일면을 드러내는 것으로서 그의 작품 세계의 저변에 깔려 있다.

C

역사의 화신(化身)된 충심은
세월의 파고 속에
천년 연꽃들의 가슴으로 번져오고
부소산(扶蘇山) 정기 따라

황산벌 일대기로 여전히
비상의 나래를 펄럭이고 있다.

송이, 송이마다 방울방울
또르륵 굴러가는 이슬 삼켜
입가엔 사연이 주렁주렁
간장을 에며 토해 내는 연꽃들의 합창은
지금도
하늘 삼킨
궁남지(宮南池) 위를 떠돌고 있다.

-「백제의 혼」 전문

D

조덕산 햇살 비친 행치골 샘가에
큰빛 반씨 가문의 큰 기쁨은 나아가
조국의 자존과 세계의 꿈을 펼쳐갈
이 시대 우리의 큰 일꾼이 되셨네.

인도와 박애로 다져진 적십자 정신은
진리의 상아탑 속 빛으로 큰 물결로
5대양으로 솟구쳐 오르는 밝은 빛으로
6대주를 가슴에 품고 세계 속으로 가셨네.

쉴 새 없이 밀려오는 지구촌의 아픔
그 위협과 살등 아우르고 자유를 펼치며
빈곤과 병마 전쟁의 상흔 속에서
방파제 되어 온몸으로 막고 치유하는
세계의 번영을 일궈내는 메신저가 되소서

먼 땅 지평선 너머까지 오지에서 날마다

당신의 따사한 손길 위에 세계가 하나로
사랑과 봉사의 큰 물결이 넘쳐나게 하시고
자유와 평화를 심고 가꾸는 큰 일꾼이 되소서.

-「세계를 가슴에 안고」(반기문UN사무총장 재임에 부쳐) 전문

김 시인은 굴곡 많은 역사의 한 시대를 살아온 산 증인이다. 6.25의 참상을 겪고 4.19를 겪고 조국의 민주화 과정을 다 겪었다. 그래서 그의 글에는 국가관과 애국혼이 살아있으며 국가 안위와 조국의 소중함을 알고 역사의 진실과 현재에 자신이 서 있는 위치를 잘 안다. 글 C는 기행 탐방시이다. 부소산(扶蘇山)에 가보니 오랜 세월 풍미했던 백제의 혼이 산의 정기 따라 황산벌 일대기로 여전히 비상의 나래를 펄럭이고 있다. 또 궁남지(宮南池)에 가보니 조국을 잃고 간장을 에며 토해 내는 연꽃들의 합창이 지금도 허공 위를 떠돌고 있다. 작가는 이러한 글을 통하여 조상의 숨결을 음미하면서 그 감회를 현재형 시제로 현장감 있게 잘 묘사해 내었다.

글 D는 2011년 8월 9일부터 14일까지 반기문 유엔사무총장의 고국 방문 시에 환영사로 맞이한 글이다. 반기문 총장은 김 시인의 충주고등학교 직선배로서 김 시인이 늘 로울 모델로 존경하고 숭배하는 위인이다. 조국의 자존과 세계의 꿈을 펼쳐갈 이 시대의 큰 리더 앞에 머리 숙여 감사하며 그가 인도와 박애정신으로 진정한 세계의 번영을 일궈내고 자유와 평화를 이끌어내는 위대한 지도자가 되기를 간절히 기원하고 있다.

이러한 글들에서 볼 수 있는 김 시인의 특징은 대상을 보고 그 자체의 묘사만으로 끝나는 것이 아니라, 대상을 통하

여 뿌리정신과 배울 점을 찾아내고 그것을 자신의 스승으로 삼는다는 점이다. 그러기에 김 시인은 글을 통하여 발전의 계기를 잘 포착하며, 이러한 점은 여타 시인들이 본받아야 할 점이라 생각된다.

4. 녹색 혁명과 상생의 의지

김 시인은 글로벌녹색경영연구원 교육원장이다. 대학에서 경영학을 강의하고 문인으로서의 완숙도를 기하기 위해 새로이 문학공부에 전념하고, 또한 교회 장로로서 믿음생활에 열심이면서도 녹색 혁명을 위한 의지가 남다르다. 동분서주 바쁜 가운데에서도 그는 지구촌의 심각한 오염 실태를 실감하고 녹색 혁명을 위한 환경 개선에 앞장을 서고 그것을 글로써 고발하고 있다.

A
덥혀진 지구 온도 엘리뇨 가져와서
빙하도 녹아내려 해수가 높아지니
투발루 물에 잠기니 지구 끓는 탓일세.

우뚝 선 공장 굴뚝 매연의 깃발인가
산업화 주범 되어 다가온 기상이변
심각한 지구 온난화 온실가스 탓일세.

쓰나미 가뭄 홍수 지구를 뒤덮는가
몰아친 인류 재앙 세계가 경악한다
문명의 이기 속에서 신음하는 지구다.

-「지구가 끓는다」 전문

B

바람이 풍차 돌려 전력선 불붙으니
줄어든 화석연료 생물을 살리어서
푸르른 반도강산에 노고지리 춤춘다.

태양열 지붕마다 줄어든 탄산가스
파장된 가시 광선 앞당긴 이코시티
생성된 대체 에너지 그린성장 이루네.

-「풍력발전」 전문

위의 시조들에는 녹색환경을 향한 작가의 소망과 의지가 잘 드러나 있다. 글 A에는 인류 재앙의 요인이 되는 무분별한 각종 문명의 폐해와 그것으로 인해 신음하는 지구를 잘 그려내고 있다. 투발루(Tuvalu)는 남태평양 섬나라로 지구 온난화로 인해 사라져가는 나라다. 글 B는 풍력을 이용한 대체에너지로 그린 성장을 이루고자 하는 작가의 염원이 잘 드러나 있다. 이러한 작가의 작시태도는 인류 사회 모순과 부조리로부터 생명 파괴의 원인을 찾아보려는 '생태시'와 깊은 관련을 맺고 있다. 생태시(Ecopoetry)는 자연생태 파괴와 환경오염을 불러일으킨 정치 · 사회적 원인들을 찾아내고 고발함으로써 독자들의 비판의식을 일깨우고 개혁을 촉구하며, 인간과 자연이 상생 관계를 유지함으로써 녹색환경을 되찾으려는 데 그 목적이 있다.

김 시인은 글로벌 녹색경영연구원의 일원으로서, 그의 눈에 비친 심각한 지구의 환경오염은 인류가 해결해야 할 급선무의 과제로 보고 결자해지(結者解之)를 역설하며 인간의

각성을 촉구하고 있다. 푸르른 반도강산에 노고지리 춤추는 녹색 환경이 바로 김 시인이 추구하고 있는 이상향이다.

C

물향기 수목원은 천혜의 녹색 보고
팔 벌린 나무들은 찬이슬 받아 먹고
내뿜는 산소 꾸러미 검은 연기 삼킨다.

실버들 댕기 풀어 수놓은 머리카락
바람에 춤을 추며 덩달아 흥얼대니
메마른 인생길마다 물향기를 뿌린다.

-「수목원」 전문

D

양지꽃 금강초롱 총총히 자랐는데
기린초 고광나무 개오동 짝을 하니
수목과 인간의 만남 너털웃음 절로 나네.

범부채 도라지 풀싸리 채진목에
히어리 솔송나무 복수초 이웃하니
어깨가 저절로 둥실 뽑고 싶다 한가락.

-「숲의 교향곡」 전 5수 중 4, 5수

윗글 C와 D는 〈물향기 수목원〉을 탐방하고 현장의 녹색 자연물들을 보면서 주객일체(主客一體)의 시상을 그려낸 자연친화적인 글이다. 물오른 풀과 나무, 그리고 꽃들과 어우러진 순수한 시심은 너와 내가 따로 없이 모두가 하나며 두둥실 춤을 추며 생명의 노래를 구가한다. '어깨가 저절로 둥실, 뽑고 싶다 한가락'이란 표현은 작가의 이런 심정을 표현한 것이다. 환경오염에 찌든 세속을 떠나 모처럼 물향기 수목원에 들어 녹색자연과 동화(同化)의 경지에까지 이르니, 극에 달한 물아일체(物我一體), 물심일여(物心一如)의 기쁨을 주체할 수 없어 더덩실 춤추며 노랫가락 판이라도 벌이고 싶다는 심경이다.

이 두 작품에서 느낄 수 있는 작가의 자연관은 상생적 무위자연(無爲自然)의 도가적(道家的) 세계관에까지 접맥되어 있다고 본다. 자연과 인간과의 교감 어린 글은 무위자연에 기초하여 현대의 인위적인 물질문명을 은근히 비판하면서 노자(老子)의 자연친화 사상과 근접한 무욕적인 삶의 모습까지 내비친다. 김 시인의 이러한 사고는 생명 순환과 상생의 원리를 작품을 통하여 구현한 것으로서, 그것은 자신의 녹색경영운동을 통하여 구체화되고 있으며 앞으로도 그 귀추가 주목되고 있다.

5. 인간미와 영성 회복

시인의 가장 순수한 서정은 역시 '그리움'과 '사랑'에서 우러나온다. 시는 그것의 가장 진솔한 인성 표현이라 할 수 있다. 김 시인의 시 전편에 흐르고 있는 삶의 애환과 애틋한 사랑은 일상적인 감정을 넘어, 지난한 삶의 고통 끝에 울려나오는 내면의 울림소리요 고백이다. 특히 쓰라린 인생체험을 바탕으로 쓰여진 남성적 필치의 사랑 노래는 아픔을 겪어냈으면서도 아직까지 표현해 내지 못한 뭇 시인들에게 좋은 전범을 보여주는 것으로서, 그 기법을 제시해 주기에 충분하다.

A

엄마의 치마폭에 살며시 숨겨 놓은
탯줄을 목에 걸고 울어댄 외침 소리
춘삼월 아지랑이 타고 내 맘속에 와 주렴.

-「모정」 전문

B

산뜻한 새 날개 단 아내의 고운 의상
쇼윈도 위에 비춰 쓴웃음도 지어 보고
선물로 받았나 본데 눈썰미가 매섭다.

재스민 짙은 향기 물씬 젖은 아내 모습
젊은 날 반반한 옷 한 벌도 못 사 줬네
미안해 너무 미안해 얼굴 한참 붉어진다.

의상은 날개라지요 펄펄 나는 그 산뜻함
이런 날 팔짱 끼고 산책 한번 나서볼까
맞잡은 고운 손에는 국화향이 날아든다.

-「브티끄 실루엣」 전문

글 A와 B는 각각 어머니와 아내에 대한 그리움과 사랑을 노래한 글이다. 글 A는 일종의 사모곡(思母曲)이라고도 할 수 있는데 모성본능을 그리워하는 작가의 심성이 한 편의 절제된 단수 시조로 표현되어 있다. 남성은 칠순을 바라보면서도 어머니 앞에서는 언제든지 응석부리는 어린아이이며, 이 글에 나타난 서정적 자아도 그 '탯줄'을 통하여 어머니의 사랑을 희구하면서 귀소본능(歸巢本能)을 잘 나타내고 있다.

반면, 글 B는 쇼윈도 앞에서 옷매무새를 비춰보고 있는 아내의 모습을 보고, 아내에게 남편으로서의 도리를 다하지 못한 회한의 심경을 재치 있고도 실감나게 표현한 연시조이다. 이 글을 읽으면 송나라 소동파(蘇東坡)가 당나라의 대시인 왕유(王維)의 시를 평한 글 '시중유화(詩中有畵) 화중유시(畵中有詩)' 라는 말이 떠오른다. 시 속에 그림이 있고, 그림 속에 시가 있다는 뜻인데, 이 시에는 김시인의 따뜻한 인간미가 실감실정의 시어를 통하여 꿈틀거릴 뿐만 아니라, 묘사적 표현도 두드러져 회화적 작품성이 뛰어난 글이다.

C

말 많이 하는데 그놈은
입가에 주렁주렁 매달린다.
듣기는 하는데 그놈은
귓가에 주렁주렁 매달린다.

겉으로만 말하고 겉으로만 듣는
쓰리고 아린 우리들의 언어,
속으로 듣고
속마음 전할 순 없을까?

한평생 눈만 뜨면 보는 사이
말다운 말 하고 사는가?
당신은 마음 삐죽 내밀고
날 불러 세우는데
나는 마음 닫혀 말 걸 수 없네.

당신도 조금 열고
나도 반쯤 열어
말다운 말 하고

말다운 말 듣고 살자.

-「소통」 전문

D

가슴을 쪼아 대고 번뇌를 벗하는가
걱정도 친구란다 고난도 쓸모 있네
쓰나미 할퀴고 나니 모진 풍파 끄떡없다.

마알간 수정처럼 잔잔한 바다처럼
참으면 자산인 걸 예전엔 미처 몰라
살인도 면한다지요 참을 인(忍)자 셋이면.

-「고통에도 뜻이 있다」 전문

위에 제시된 '소통'과 '고통'은 그 동인(動因)을 유추할 때 상대적인 개념으로 파악될 수 있지만 '뜻 있는 고통'은 '소통'의 밑바탕이 될 수 있다는 점에서 그 저변에 깔린 인자는 같다. 글 C에서 작가는 소통부재의 현실을 안타까워하고 있다. 흔히 발화자는 말을 정중히 선명하게 전달하지 못하고, 청자는 남의 말을 진중히 귀담아 듣지 않고 귓가에서만 맴돌게 한다.

이러한 현상은 서로의 마음문이 닫혀 있기 때문이다. 서로가 조금씩만 마음문을 열고 배려하고 양보하면서 말을 건네고 귀담아 들어주게 되면 굳게 닫힌 소통부재의 문도 조금씩 열려 밝은 세상을 맞이할 것이다. 이 글은 무형의 '말'과 '듣기'를 하나의 형상물로 제시하여 표현하였고, 교훈적 가치를 이끌어 냈다는 점에서 작품성이 높이 평가된다.

글 B는 인내심을 갖고 극복해낸 '고통'의 참 의미를 비유와 인용법을 통해 두 수의 시조로 표현하였다. 이러한 주제의식의 표현은 작가의 생활철학과 인생관이 잘 나타난 예로써 역시 교훈적 가치가 두드러진 글이다.

E

성령의 오순절
다락방에 들르신 하나님
내게 깊은 사랑 심으시고
믿음의 걸음은 나를 반듯이 세웁니다.

성전의 문지방
총총걸음으로 드나들면서
넘어질 때라도 주님의 옷자락 잡고
든든히 서렵니다.

갈릴리 거센 풍랑
메마른 광야를 떠돈다 해도
골고다 십자가
그 아픔으로 견디어 내렵니다.

어찌 잊으오리까?
어찌 흘리오리까?
주님께서 피 흘리시며 베푸신 사랑
온전한 전도로 갚으오리다.

-「순례자의 노래」 전문

F

종소리 부름 속에 발걸음 동동거려
칼바람 스쳐가는 설한풍의 엄동에도
꿋꿋이 자리 지켜온 두 손 모은 오직 주님.

명일동 종탑 아래 구름처럼 모여 들어
목마름을 해갈하고 뼈아픔도 치유하니
말씀의 블랙홀처럼 빨아들인 안식처다.

눈시울 붉어져도 환하게 웃음 짓고
응어리 삭혀내는 내 삶의 편린들이
영원히 머무를 곳은 내 아버지 계신 전.

-「성전에 거하리라」 전문

글 E와 F는 크리스천으로서 믿음과 영성회복의 의지를 나타낸 글이다. 성령의 오순절에 찾아오신 주님을 향한 신실한 믿음의 자세가 아름다운 선율을 타고 충만하게 흐르고 있다. 좋은 글은 억지로 꾸민 흔적이 없이 순수한 감성에서 우러나온 영혼의 울림이어야 한다. 김 시인은 믿음의 선구자로서 핏값으로 얻어낸 구원의 감사함을 인식하고, 인생의 위기 때마다 주님의 옷자락 붙잡고 이겨내면서, 전도함으로써 그 감사함에 답하려고 하는 신앙인의 영적 자세를 잘 나타내었다.

또한 글 F는 교회 종탑 아래 구름처럼 모여드는 목마른 성도들을 그려내고, 말씀을 통하여 뼈아픔의 치유와 해갈의 은혜를 충만히 받았음에 감사하며, 성전을 사모하면서 안식처인 거기서 영원히 머무를 것임을 다짐한 글이다.

성령은 부정을 긍정으로, 실패를 승리로, 저주를 사랑으로, 가식을 어린 아이 같은 순수로 이끌어주신다. 그래서 믿음이 충만한 김 시인의 글은, 글을 쓰기 위한 단순한 말장난이거나 가식의 글이 아니라, 긍정을 바탕으로 한 순수한 인생체험의 노래이며, 소위 '술이부작(述而不作)'의 문투이다. 다소 고차원적인 수사가 적더라도 억지로 꾸민 흔적이 없는 순수 영성회복의 노래, 그것이 그의 글의 특징이다.

지금까지 김 시인의 글을 다섯까지 항목으로 대별하여 조명하여 보았다.

김 시인의 글은 열정이 많고 폭이 넓고 다양하다. 각 부분의 다양한 시들이 오랫동안의 인생 경륜을 통하여 농축된 깨달음의 경지를 그의 노하우로 용해하여 지은 것들이다.

표현한 형식도 정형시인 시조와 자유시를 혼용하여 썼다. 절제와 음악적 감성을 요하는 것들은 정형시인 시조로, 자유분방하고 설명적 요소가 필요한 것들은 자유시로 적절히 환치되었다. 이러한 선택과 결과는 김 시인이 그동안 갈고 닦은 작시법과 습작의 수행과정에서 얻어낸 스스로의 판단에서 우러나온 것이라 생각된다.

문학의 가치를 교훈적 가치와 예술적 가치로 대별해 볼 때, 김 시인의 글들에는 교훈적 가치가 많다. 이러한 결과는 인간승리자라 할 수 있는 김 시인이 지난한 삶의 과정에서 겪어낸 남다른 깨달음과 통찰력의 소산이라고 생각한다. 독자들에게 밑거름과 같은 이러한 영혼의 메시지는 세상을 깨우칠 만하다.

그러나 다만, 넘치는 표현 욕구와 전달 의욕이 앞서, 작품의 문학적 가치와 예술성을 소홀히 해서는 안될 것이다. 적합한 시어들의 엄격한 선택, 그리고 그 조합과 구성을 어떻게 하느냐에 따라 문학적 예술성은 달라진다. 적절한 비유와 상징, 상황에 알맞은 수사법의 적용과 시상에 적합한 구성과 조합, 그리고 전체적인 산만성을 벗어나 문학적 가치를 높이는 일은, 앞으로 김 시인이 시적 역량을 더 확대해 나아가야 할 분야라고 본다.

김 시인은 인생 이모작을 넘어 삼모작까지 꿈꾸며 오늘을 살아가는 열정적 작가이다. 그의 문학에 대한 꿈과 정신 혁명의 열정은 최근 들어 신간으로 내어놓아 선풍적인 반향을 불러일으킨 책 〈열정은 배신하지 않는다〉에 잘 나타나 있다. 그는 거기서 "열정이 삶을 이끄는 순간 청춘은 시작되고 꿈을 놓지 않는 한 청춘은 유효하다!"라고 푸른 꿈을 역설한다. 그는 늘 젊은 학생들과 같은 눈높이에서 미래를 바라보는 '열혈교수'요 작가다. 이러한 정신과 생활신조는 혼탁한 시대를 살아가며 안일만을 추구하는 많은 시인들에게 경각심을 불러일으키는 것으로서 본받아야 할 표본이요 귀감이라고 생각한다.

김 시인에게서는 무한한 가능성을 발견할 수 있다. 남달리 깊은 성찰과 깨달음의 철학에서 우러나온 열정적 생활신조로 정진하고 있는 김 시인의 개성적 작시태도에 찬사를 보내며, 알알이 영근 고운 시집 〈꿈꾸는 푸른 돌〉 상재를 진심으로 축하드린다.

저자와의
협약으로
인지생략

김의식 제2시집

꿈꾸는 푸른 돌

초판발행 2014년 4월 1일

지은이 | 김의식
펴낸이 | 김효열
편집부장 | 김경희
편 집 | 이미정
마케팅 | 김효숙 · 김영미

펴낸곳 | **을지출판공사**

등록번호 · 제 2-741 호
등록일자 · 1985년 2월 14일
주 소 · 서울시 마포구 양화로6길 27-5(서교동) 301호
우편번호 · 121-840
전 화 · 02) 334-4050
팩 스 · 02) 334-4010
E-mail : ejp4050@hanmail.net

값 10,000원

* 잘못된 책은 바꿔 드립니다.

ISBN 978-89-7566-148-8 03810